Terras bíblicas:
encontro de Deus com a humanidade

CB018135

COLEÇÃO BÍBLIA EM COMUNIDADE

PRIMEIRA SÉRIE – VISÃO GLOBAL DA BÍBLIA

1. Bíblia, comunicação entre Deus e o povo – Informações gerais
2. Terras bíblicas: encontro de Deus com a humanidade – Terra do povo da Bíblia
3. O povo da Bíblia narra suas origens – Formação do povo
4. As famílias se organizam em busca da sobrevivência – Período tribal
5. O alto preço da prosperidade – Monarquia unida em Israel
6. Em busca de vida, o povo muda a história – Reino de Israel
7. Entre a fé e a fraqueza – Reino de Judá
8. Deus também estava lá – Exílio na Babilônia
9. A comunidade renasce ao redor da Palavra – Período persa
10. Fé bíblica: uma chama brilha no vendaval – Período greco-helenista
11. Sabedoria na resistência – Período romano
12. O eterno entra na história – A terra de Israel no tempo de Jesus
13. A fé nasce e é vivida em comunidade – Comunidades cristãs na terra de Israel
14. Em Jesus, Deus comunica-se com o povo – Comunidades cristãs na diáspora
15. Caminhamos na história de Deus – Comunidades cristãs e sua organização

SEGUNDA SÉRIE – TEOLOGIAS BÍBLICAS

1. Deus ouve o clamor do povo (Teologia do êxodo)
2. Vós sereis o meu povo e eu serei o vosso Deus (Teologia da aliança)
3. Iniciativa de Deus e corresponsabilidade humana (Teologia da graça)
4. O Senhor está neste lugar e eu não sabia (Teologia da presença)
5. Profetas e profetisas na Bíblia (Teologia profética)
6. O Sentido oblativo da vida (Teologia sacerdotal)
7. Faça de sua casa um lugar de encontro de sábios (Teologia sapiencial)
8. Grava-me como selo sobre teu coração (Teologia bíblica feminista)
9. Teologia rabínica (em preparação)
10. Paulo, apóstolo de Jesus Cristo pela vontade de Deus (Teologia paulina)
11. Compaixão, cruz e esperança (Teologia de Marcos)
12. Lucas e Atos: uma teologia da história (Teologia lucana)
13. Ide e fazei discípulos meus todos os povos (Teologia de Mateus)
14. Teologia joanina (em preparação)
15. Eis que faço novas todas as coisas (Teologia apocalíptica)
16. As origens apócrifas do cristianismo (Teologia apócrifa)
17. Teologia da Comunicação (em preparação)
18. Minha alma tem sede de Deus (Teologia da espiritualidade bíblica)

TERCEIRA SÉRIE – BÍBLIA COMO LITERATURA

1. Bíblia e Linguagem: contribuições dos estudos literários (em preparação)
2. Introdução às formas literárias no Primeiro Testamento (em preparação)
3. Introdução ao estudo das formas literárias no Segundo Testamento
4. Introdução ao estudo das Leis na Bíblia
5. Introdução à análise poética de textos bíblicos
6. Introdução à Exegese patrística na Bíblia (em preparação)
7. Método histórico-crítico (em preparação)
8. Análise narrativa da Bíblia
9. Método retórico e outras abordagens (em preparação)

QUARTA SÉRIE – RECURSOS PEDAGÓGICOS

1. O estudo da Bíblia em dinâmicas – Aprofundamento da Visão Global da Bíblia
2. Aprofundamento das teologias bíblicas (em preparação)
3. Aprofundamento da Bíblia como Literatura (em preparação)
4. Pedagogia bíblica
   4.1. Primeira infância: E Deus viu que tudo era bom
   4.2. Segundo Infância (em preparação)
   4.3. Pré-adolescência (em preparação)
   4.4. Adolescência (em preparação)
   4.5. Juventude (em preparação)
5. Modelo de ajuda (em preparação)
6. Mapas e temas bíblicos (em preparação)
7. Metodologia de estudo e pesquisa (em preparação)

Serviço de Animação Bíblica - SAB

Terras bíblicas:
encontro de Deus com a humanidade

Dados Internacionais de Catalogação na Publicação (CIP) (Câmara Brasileira do Livro, SP, Brasil)

Terras bíblicas : encontro de Deus com a humanidade / [elaboração do texto Romi Auth e Equipe do SAB ; ilustrações Roberto Melo]. – 10. ed. – São Paulo : Paulinas, 2013. – (Coleção Bíblia em comunidade. Série visão global ; v. 2)

Bibliografia.
ISBN 978-85-356-3040-4

1. Bíblia - Crítica e interpretação 2. Bíblia - Estudo e ensino 3. Bíblia - Geografia 4. Bíblia - Introduções 5. Israel - História I. Auth, Romi. II. Serviço de Animação Bíblica-SAB. III. Melo, Roberto. IV. Série.

13-04689
CDD-220.6

Índice para catálogo sistemático:
1. Bíblia : Sagrado e profano : Interpretação e crítica   220.6

Revisado conforme a nova ortografia.

Elaboração do texto: Romi Auth, fsp, e Equipe do SAB
Assessores bíblicos: Jacil Rodrigues de Brito, José Raimundo Oliva, Paulo Sérgio Soares, Valmor da Silva
Cartografia: Prof. Dr. José Flávio Morais Castro, do Departamento de Planejamento Territorial e Geoprocessamento do IGCE – UNESP
Metodologia: Maria Inês Carniato
Ilustrações: Roberto Melo
Citações bíblicas: Bíblia de Jerusalém, São Paulo, Paulus, 1985
Editora responsável: Noemi Dariva

Gratidão especial às pessoas que colaboraram, com suas experiências, sugestões e críticas, para a elaboração e apresentação final do projeto "Bíblia em comunidade" na forma de livro e transparências para retroprojetor.

SAB – Serviço de Animação Bíblica
Av. Afonso Pena, 2142 – Bairro Funcionários
30130-007 – Belo Horizonte – MG
Tel.: (31) 3269-3737
Fax: (31) 3269-3729
E-mail: sab@paulinas.com.br

10ª edição – 2013
5ª reimpressão – 2021

Paulinas
Rua Dona Inácia Uchoa, 62
04110-020 – São Paulo – SP (Brasil)
Tel.: (11) 2125-3500
http://www.paulinas.com.br – editora@paulinas.com.br
Telemarketing e SAC: 0800-7010081

©Pia Sociedade Filhas de São Paulo – São Paulo, 2001

Apresentação

Os volumes da coleção "Bíblia em comunidade" têm o objetivo de acompanhar os que desejam entrar em comunicação e comunhão com Deus por meio da Bíblia, trazendo-a para o centro de sua vida e da comunidade.

Muitas pessoas — e talvez você — têm a Bíblia e a colocam num lugar de destaque em sua casa; outras fazem dela o livro de cabeceira; outras, ainda, a leem engajadas na caminhada de fé de sua Igreja, seguindo sua orientação. Muitas, ao lê-la, sentem dificuldade de entendê-la e a consideram misteriosa, complicada, difícil. Algumas das passagens bíblicas até despertam medo. Por isso, a leitura, o estudo, a reflexão, a partilha e a oração ajudam a despertar maior interesse nas pessoas; na leitura diária elas descobrem a Palavra como força que as leva a ver a realidade com olhos novos e a transformá-la. O conhecimento, a libertação, o amor, a oração e a vida nova que percebem ao longo da caminhada são realizações de Deus com sua presença e ação.

Esta coleção oferece um estudo progressivo em quatro séries. A primeira, "Visão global", traz as grandes etapas da história do povo da Bíblia: a terra, a região, a cultura, os personagens, as narrativas que falam de sua relação de amor com Deus. À medida que conhecemos a origem e a história do povo, percebemos que a Bíblia retrata a experiência de pessoas como nós, que descobriram a presença de Deus no cotidiano de sua vida e no da comunidade, e assim deram novo sentido aos acontecimentos e à história.

"Teologias bíblicas" são o assunto da segunda série, que estuda aquilo que o povo da Bíblia considerou essencial em sua comunicação com Deus. As grandes experiências de fé foram sempre contadas, revividas e celebradas nos momentos mais importantes da história e ao longo das gerações. O povo foi entendendo progressivamente quem era Deus na multiplicidade de suas manifestações, especialmente nas situações difíceis de sua história.

O título da terceira série é "Bíblia como literatura". Nela são retomados os textos bíblicos de épocas, lugares, contextos sociais, culturais e religiosos diferentes. Vamos estudar, por meio dos diversos gêneros literários, a mensagem, a interpretação e o sentido que eles tiveram para o povo da Bíblia e que nós podemos descobrir hoje. Cada um deles expressa, de forma literária e orante, a experiência de fé que o povo fez em determinadas situações concretas. Os tempos de hoje têm muitas semelhanças com os tempos bíblicos. Embora não possamos transpor as situações do presente para as da época bíblica, pois os tempos são outros, o conhecimento da situação em que os escritos nasceram ajuda-nos a reler a nossa realidade com os mesmos olhos de fé.

Por fim, a quarta série, "Recursos Pedagógicos", traz ferramentas metodológicas importantes para auxiliar no estudo e aprofundamento do conteúdo que é oferecido nas três séries: Visão Global da Bíblia, Teologias Bíblicas e Bíblia como Literatura. Esta série ajuda, igualmente, na aplicação de uma Metodologia de Estudo e Pesquisa da Bíblia; na Pedagogia Bíblica usada para trabalhar a Bíblia com crianças, pré-adolescentes, adolescentes e jovens; na Relação de Ajuda para desenvolver as habilidades de multiplicador e multiplicadora da Palavra, no meio onde vive e atua.

A coleção "Bíblia em comunidade" quer acompanhar você na aventura de abrir, ler e conhecer a Bíblia, e, por meio dela, encontrar-se com o Deus Vivo. Ele continua, hoje, sua comunicação em nossa história e com cada um(a) de nós. Mas, para conhecê-lo profundamente, é preciso deixar que a luz que nasce da Bíblia ilumine o contexto de nossa vida e de nossa comunidade.

Este e os demais subsídios da coleção "Bíblia em comunidade" foram pensados e preparados para pessoas e grupos interessados em fazer a experiência da revelação de Deus na história e acompanhar outras pessoas nessa caminhada. O importante neste estudo é perceber a vida que se reflete nos textos bíblicos, os quais foram vida para nossos antepassados e podem ser vida para nós. Sendo assim, as ciências, a pesquisa, a reflexão sobre a história, os fatos podem nos ajudar a não cair numa leitura fundamentalista, libertando-nos de todos os "ismos" — fundamentalismos, fanatismos, literalismos, proselitismos, exclusivismos, egoísmos... — e colocando-nos numa posição de abertura ao inesgotável tesouro de nossas tradições milenares. A mensagem bíblica é vida, e nossa intenção primeira é evidenciar, ajudar a tornar possível essa vida.

Vamos juntos fazer esta caminhada!

Equipe do SAB

Metodologia

Para facilitar a compreensão e a assimilação da mensagem, a coleção "Bíblia em comunidade" segue uma metodologia integral, que descrevemos a seguir.

Motivação

"Tira as sandálias", diz Deus a Moisés, quando o chama para conversar (Ex 3,5). Aproximar-se da Bíblia de pés descalços, como as crianças gostam de andar, é entrar nela e senti-la com todo o ser, permitindo que Deus envolva nossa capacidade de compreender, sentir, amar e agir.

Para entrar em contato com o Deus da Bíblia, é indispensável "tornar-se" criança. É preciso "tirar as sandálias", despojar-se do supérfluo e sentir-se totalmente pessoa, chamada por Deus pelo nome, para se aproximar dele, reconhecê-lo como nosso *Go'el*, nosso Resgatador, e ouvi-lo falar em linguagem humana. A comunicação humana é anterior aos idiomas e às culturas. Para se comunicar, todo ser humano utiliza, ainda que inconscientemente, a linguagem simbólica que traz dentro de si, a qual independe de idade, cultura, condição social, gênero ou interesse. É a linguagem chamada primordial, isto é, primeira: a imagem, a cor, o ritmo, a música, o movimento, o gesto, o afeto, enfim, a experiência.

A escrita, a leitura e a reflexão são como as sandálias e o bastão de Moisés: podem ajudar na caminhada até Deus, mas, quando se ouve a voz dele chamando para conversar, não se leva nada. Vai-se só, isto é, sem preconceitos nem resistências: "como criança", de pés descalços.

Sintonia integral com a Bíblia

O estudo da Bíblia exige uma metodologia integral, que envolva não só a inteligência, mas também o coração, a liberdade e a comunidade.

Com a inteligência, pode-se conhecer a experiência do povo da Bíblia:
- descobrir o conteúdo da Bíblia;
- conhecer o processo de sua formação;
- compreender a teologia e a antropologia que ela revela.

Com o coração, é possível reviver essa experiência:
- entrar na história da Bíblia, relendo a história pessoal e a da comunidade à luz de Deus;
- realizar a partilha reverente e afetiva da história;
- deixar que a linguagem humana mais profunda aflore e expresse a vida e a fé.

Com a liberdade, a pessoa pode assumir atitudes novas:
- deixar-se iluminar e transformar pela força da Bíblia;
- viver atitudes libertadoras e transformadoras;
- fazer da própria vida um testemunho da Palavra de Deus.

Com a comunidade, podemos construir o projeto de Deus:
- iluminar as diversas situações da vida;
- compartilhar as lutas e os sonhos do povo;
- comprometer-nos com a transformação da realidade.

Pressupostos da metodologia integral

Quanto aos recursos:
- os que são utilizados com crianças são igualmente eficazes com adultos, desde que estes aceitem "tornar-se crianças";
- incentivam o despojamento, a simplicidade e o resgate dos valores esquecidos na vida da maioria dos adultos. As duas expressões elementares da linguagem humana primordial são imagem-cor, movimento-ritmo. Todo recurso metodológico que partir desses elementos encontra sintonia e pode se tornar eficaz.

Quanto à experiência proposta:
A metodologia integral propõe que o conhecimento seja construído não só por meio do contato com o texto escrito, mas também da atualização da experiência. Para isso é indispensável:
- a memória partilhada e reverente da história, do conhecimento e da experiência de cada um dos participantes;
- o despojamento de preconceitos, a superação de barreiras e o engajamento nas atividades alternativas sugeridas, como encenações, danças, cantos, artes.

Recursos metodológicos

Para que a metodologia integral possa ser utilizada, a coleção "Bíblia em comunidade" propõe os seguintes recursos metodológicos:

a) Livros

Os livros de coleção trazem, além do conteúdo para estudo, as sugestões de metodologia de trabalho com os temas em foco. Podem ser utilizados de várias formas: em comunidade ou em grupo, em família ou individualmente.

1. Partilha comunitária

Pode reunir-se um grupo de pessoas, lideradas por alguém que tenha capacitação para monitorar a construção comunitária da experiência, a partir da proposta dos livros.

2. Herança da fé na família

Os livros podem ser utilizados na família. Adultos, jovens, adolescentes e crianças podem fazer a experiência sistemática de partilha da herança da fé, seguindo a metodologia sugerida nas reuniões, como se faz na catequese familiar.

Na modalidade de estudo em comunidade, em grupo ou em família, existem ainda duas opções:
- *Quando todos possuem o livro*. O conteúdo deve ser lido por todos, antes da reunião; nela se faz o mutirão da memória do que foi lido e o(a) líder coordena a síntese; depois se realiza o roteiro previsto nas sugestões metodológicas para o estudo do tema.
- *Quando só o(a) líder tem o livro*. Fica a cargo do(a) líder a prévia leitura e síntese do conteúdo, que será exposto ao grupo. Passa-se a seguir ao roteiro previsto nas sugestões metodológicas para o estudo do tema.

3. Estudo pessoal dos livros

Embora a coleção dê ênfase ao estudo da Bíblia em comunidade, os livros podem ser utilizados também por pessoas que prefiram conhecê-la e estudá-la individualmente, seguindo os vários temas tratados.

b) Recursos visuais

Para que se realize a metodologia integral, são indispensáveis mapas, painéis e ilustrações, indicados nos roteiros de estudo dos temas, sempre que necessário. Os recursos seguem alguns critérios práticos:
- os mapas se encontram nos livros, para que as pessoas possam colori-los e visualizá-los;
- esses mapas foram reproduzidos em transparências para retroprojetor;
- outros recursos sugeridos nos roteiros podem ser produzidos segundo a criatividade do grupo.

Roteiro para o estudo dos temas

Os encontros para o estudo dos temas seguem um roteiro básico composto de quatro momentos significativos. Cada momento pode ter variantes, como também a sequência dos momentos e os recursos neles usados nem sempre são os mesmos. Os quatro momentos são:

1. *Oração*: conforme a criatividade do grupo.
2. *Mutirão da memória*: para compor a síntese do conteúdo já lido por todos ou para ouvir a exposição feita pelo(a) líder.
3. *Partilha afetiva*: memória e partilha de experiências pessoais que venham ilustrar os temas bíblicos que estão sendo trabalhados.
4. *Sintonia com a Bíblia*: leitura dos textos indicados, diálogo e síntese da experiência de estudar o tema e sua ressonância em nossa realidade. Cabe ao(à) líder mostrar os pontos essenciais do conteúdo. Quanto ao desenvolvimento, pode ser assessorado por equipes: de animação, de espiritualidade, de organização.

Cursos de capacitação de agentes para a pastoral bíblica

O Serviço de Animação Bíblica (SAB) oferece cursos de capacitação de agentes que desejam colaborar na formação bíblica em suas comunidades, paróquias e dioceses. Os cursos oferecem o aprofundamento dos temas a partir da coleção "Bíblia em comunidade" e a realização de atividades que possibilitem uma análise de conteúdos a partir das diversas linguagens de comunicação, como: vídeo, teatro, métodos de leitura bíblica e outros.

Introdução

Este é o segundo volume da série "Visão global". Ao estudá-lo, você fará uma verdadeira viagem pelos locais bíblicos onde se deu a comunicação de Deus com as pessoas.

A proposta de estudo deste volume é dividida em três temas que trazem a Bíblia para dentro de sua experiência pessoal e da vida do povo brasileiro. Ao mesmo tempo, fazem com que a nossa história como povo ajude a entender os relatos bíblicos e a história do povo da Bíblia.

O primeiro tema é "Terras bíblicas: encontro de Deus com a humanidade". Situa no mapa-múndi a região na qual viveu o povo da Bíblia e os lugares importantes que aparecem muitas vezes nomeados e descritos nas suas narrativas.

O segundo tema é "Israel: uma terra pequena que recebe de Deus um grande nome". Depois de ter passado pelo jugo de muitas dominações, essa terra se tornou sagrada, porque Deus a entregou ao povo.

O terceiro tema é "Entre serras e planícies, um povo luta pela vida". Cada monte, vale, rio ou cidade tem na Bíblia uma história e uma memória, pois pertence a uma terra santa, na qual Deus caminhou junto com o povo.

Você pode se integrar também a esta caminhada, seguindo os passos sugeridos neste segundo volume.

Introdução

1º tema
Terras bíblicas: encontro de Deus com a humanidade

Neste tema vamos conhecer a concepção de mundo que o povo da Bíblia tinha e onde se situa a terra dele.

As terras onde a história da Bíblia foi vivida e escrita

No volume anterior —"Bíblia, comunicação entre Deus e o povo"—, tivemos a oportunidade de conhecer o que é a Bíblia, sua divisão, os lugares onde ela foi escrita, o material usado, seus autores, arqueologia, cânon bíblico, crítica textual e outros assuntos importantes. Talvez tenha sido uma tarefa árdua que exigiu de você ler e reler os textos, refletir e conversar com outras pessoas sobre o que leu. Trouxe um novo modo de ver e de se aproximar da Bíblia. Mostrou que a revelação de Deus passa também pela realidade humana, cheia de limites e condicionamentos.

Neste volume vamos ver de perto as terras onde Deus se revelou ao povo como *Um*[1] e como *libertador*. Assim ele foi acolhido pelo povo de Israel e mais tarde proclamado a toda a humanidade. São as terras onde a história da Bíblia foi vivida e depois escrita. Entre essas terras destaca-se Israel, que antes tinha outros nomes. Israel é o nome de um dos povos que habitou a região. Vamos ver onde ela se situa, sua extensão, as características do solo, a flora, a fauna e as particularidades que influenciaram o clima e a própria formação do povo.

Muita gente tem dificuldade de situar geograficamente a terra de Israel e de situá-la no mapa-múndi. Alguns até pensam que a história do povo, no Primeiro Testamento, aconteceu em um lugar e, no Segundo Testamento, em outro. Mas não. Ambas aconteceram na mesma terra de Israel. O povo tinha visão do cosmos dividido em três grandes blocos: o Firmamento, a Terra, o Xeol. Acima deles se encontrava Deus.

Cosmovisão do povo da Bíblia

Os textos bíblicos descrevem a Terra conforme aquilo que o povo de Israel, à semelhança dos povos vizinhos e de seus contemporâneos, imaginava e conseguia observar, de acordo com as condições de sua época (cf. croqui n. 2). Assim, em sua visão, a Terra era como um disco

---

[1] Normalmente nossas Bíblias traduzem a expressão de Dt 6,4 por "Deus único". Essa tradução não é exata porque há diferença no hebraico entre "um" (*ehad*) e "único" (*Iahid*). "Deus um" significa "sem divisões no seu interior", enquanto "único" indica a negação da existências de outros. "Deus um" é a proclamação máxima da fé na unicidade de Deus, efetuada pela comunidade israelita.

COSMOVISÃO DO POVO DA BÍBLIA

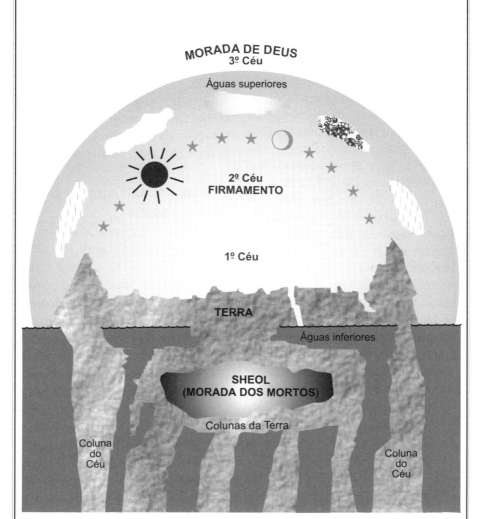

* Elementos essenciais do Universo:
  água, ar, fogo e terra

* Níveis do Universo: Firmamento, Terra e Sheol

FONTE: LOPES, J. M. *Atlas bíblico geográfico histórico*. Lisboa, Difusora Bíblica, 1984. n. 1, p. 13.

CARTOGRAFIA: José Flávio Morais Castro, 2001.

Visão global 2
Terras bíblicas: encontro de Deus com a humanidade

Serviço de Animação Bíblica - SAB

© Pia Sociedade Filhas de São Paulo, 2001

plano na forma de um círculo (cf. Is 40,22; Pr 8,27; Jó 26,10). Ela se encontrava no centro do Universo criado por Deus, rodeado pelas "águas inferiores" e "águas superiores" do Firmamento (Gn 1,7; Jó 38,4). As águas inferiores do Firmamento são formadas pelos oceanos, rios e fontes (Sl 24,1-2) e as superiores são formadas por nuvens, chuva, orvalho, granizo e neve. Tanto o Firmamento quanto a Terra são sustentados por sólidas colunas (Sl 104,5; Pr 8,29; Mq 6,2; Is 24,18; 2Sm 22,8). No Firmamento estão pendurados o Sol, a Lua e as estrelas, quais luminares da Terra (Gn 1,16-17). Debaixo da Terra encontra-se a morada dos mortos, o ínfero, conhecido na Bíblia como Xeol (Nm 16,33; Dt 32,22; Jó 38,17). O Universo é formado por quatro elementos essenciais: terra, fogo, ar e água, e por três níveis: Firmamento, Terra e Xeol. A soma desses quatro elementos e dos três níveis forma o número 7, que na Bíblia indica plenitude, perfeição, totalidade.[2] Vamos situar-nos rapidamente no planeta Terra, em suas grandes divisões, e localizar o Brasil e a terra do povo da Bíblia, Israel.

Planeta Terra: o berço da vida

A Terra, como você pode observar no mapa-múndi (cf. mapa n. 3), é formada por grandes oceanos e porções de solo denominadas continentes. A água ocupa 75% do globo terrestre. A porção de terra corresponde a 25% do globo e contém os cinco continentes: América, África, Ásia, Europa e Oceania. A terra de Israel não se encontra isolada do resto do mundo! Ela está situada geograficamente num continente, entre outros países.

O mapa-múndi: casa de Deus, casa dos povos

A Terra é representada graficamente pelo mapa-múndi, no qual podemos distinguir o hemisfério norte e o hemisfério sul, e também o Leste (Oriente) e o Oeste (Ocidente), conforme os quatro pontos cardeais. No sentido horizontal, a linha do equador divide a Terra em dois hemisférios: hemisfério sul, abaixo dessa linha, e hemisfério norte, acima dela. No sentido vertical, a partir da visão europeia, costumou-se considerar como Oriente o conjunto dos países situados a leste (à direita) da Europa e como Ocidente a própria Europa e o conjunto dos países situados a oeste dela (à esquerda). No sentido Norte e Sul, o meridiano de Greenwich, que divide a Terra em outros dois hemisférios: o

---

[2] Por meio do número 7, chega-se aos 144 mil marcados do Apocalipse (cf. Ap 7,4): 3 x 4 = 12; 12 x 12 = 144; 144 x 1000 = 144.000.

hemisfério Ocidental e o hemisfério Oriental. Isso, para efeito de medidas de longitude (distâncias em ângulos de 180°, para o leste e para o oeste) e para referência de fusos horários (positivos e negativos).

A terra de Israel compreendia, no final do período dos juízes, o território que hoje forma o Estado de Israel, parte da Síria e da Jordânia. No tempo de Jesus, estava reduzida ao pequeno território remanescente da Judeia e a um conjunto de territórios, entre eles a Galileia, a Itureia, a Samaria e a Idumeia, sob a autoridade do rei Herodes, o Grande, nomeado como tal pelos romanos. Esses territórios se localizam no hemisfério norte, na parte oriental.

Já o Brasil situa-se, em sua maior parte, no hemisfério sul; apenas uma pequena região (parte do Amapá, do Pará, de Roraima e do Amazonas) situa-se no hemisfério norte. Mas todo o país está situado no hemisfério ocidental. Você pode verificar esses dados no mapa-múndi.

O Crescente Fértil: os rios mantêm a vida do povo

Por causa de sua posição geográfica,[3] Israel faz parte de uma região chamada Crescente Fértil ou Meia-lua Fértil, junto com o Egito e a Mesopotâmia. Israel era um corredor de passagem muito disputado entre os grandes impérios do Egito e da Mesopotâmia. A região recebeu o nome de Crescente Fértil por causa dos grandes rios: Nilo, no Egito; Tigre e Eufrates, na Mesopotâmia; e Jordão, em Israel. Este é menos favorecido porque tem menor volume de água.

Hoje o Crescente Fértil se estende sobre o Iraque, a Síria, o Líbano, a Jordânia, o Egito e o Estado de Israel. Antes do povo de Israel, muitos povos habitaram a região do Crescente Fértil, a qual foi o berço de grandes civilizações e impérios (cf. mapa n. 4).

Mesopotâmia: a terra dos grandes impérios

A Mesopotâmia faz parte do continente chamado Ásia. Desde o ano 3500 a.E.C., a região Sul, conhecida como Suméria, era ocupada pelos sumérios. Eles vieram das montanhas do Norte e se estabeleceram na região, próximo ao Golfo Pérsico. Ur era a cidade

---

[3] Segundo J. A. Soggin (*Storia d'Israele*, Brescia, Paideia, 1984, pp. 21-22), a Síria e Israel pertencem ao Oriente Próximo e não ao Oriente Médio, como impropriamente é citado pela maioria dos autores. No Oriente Médio atual, situam-se Irã, Afeganistão e Paquistão.

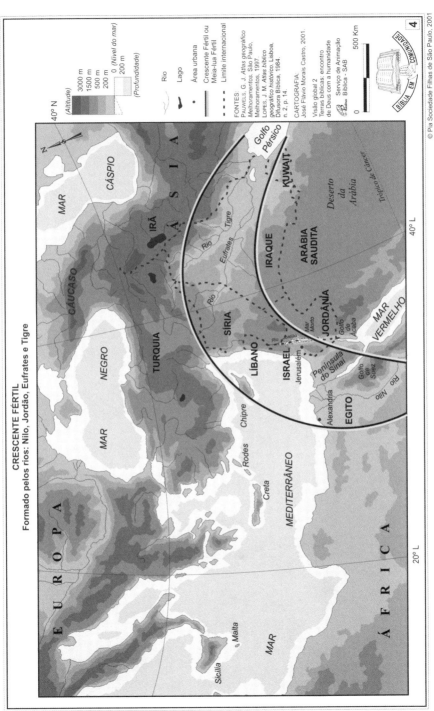

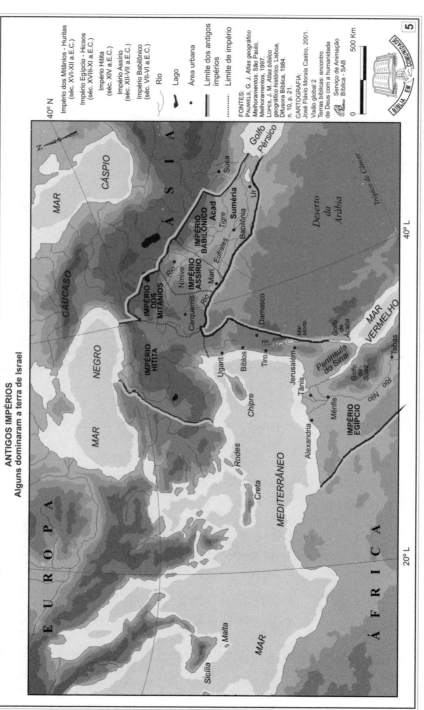

mais importante, por ser um grande centro administrativo, religioso, político e econômico. Pelo ano 1850 a.E.C., os sumérios foram dominados pelos acádicos, povo de língua semita.

Eles mudaram a capital de Ur, ao sul, para Acad, no centro da Mesopotâmia. Dominaram grande parte da região, mas por pouco tempo. Cederam novamente o domínio aos sumérios. Estes fundaram um novo império chamado sumério-acádico. Durante seu domínio, surgiram as construções em forma de torres, que tinham no topo um templo dedicado a uma divindade. Essas construções se chamavam *zigurat* (zigurates).[4] Talvez se refira a elas a narrativa da torre de Babel (Gn 11,1-9).

Por volta de 1850 a.E.C., os sumérios perderam para os amorreus a hegemonia do poder na região. Estes se tornaram historicamente conhecidos por um de seus reis, Hamurábi (1792 a 1750 a.E.C.), famoso pelo seu código de leis, que exerceu posteriormente grande influência na formulação das leis de Israel. Hamurábi estabeleceu a sede de seu império na cidade da Babilônia. Os amorreus foram sucedidos pelos assírios, por volta de 1500 a.E.C., e chegaram ao auge de sua expansão no século VIII a.E.C., quando ocuparam também o reino de Israel, como veremos mais adiante. Sob a sombra das grandes civilizações dos hititas, hurritas e assírios, desenvolveram-se os arameus. Eram de origem semita, seminômades, cultivadores de cereais nas estepes e criadores de rebanhos de pequeno porte. Abraão é colocado nesse fluxo migratório de povos semitas do alto da Mesopotâmia.

Ao lado da Mesopotâmia, onde se sucediam os povos que dominaram a região, desenvolvia-se ao sul o império egípcio, terra abençoada pela abundância das águas do rio Nilo e famosa pelas suas pirâmides (cf. mapa n. 5).

Egito: terra da escrita e dos grandes faraós

O Egito situa-se no continente africano. É anterior e contemporâneo ao império mesopotâmico. Já era habitado por volta de 5550 a.E.C.

---
[4] Cf. VV.AA. *Enciclopédia ilustrada da Bíblia*. São Paulo, Paulus, 1987. p. 63. Os zigurates eram construções com uma série de plataformas quadradas, construídas umas sobre as outras. À medida que a construção se elevava, a última plataforma ficava um pouco menor que a inferior.

Tornou-se um dos impérios mais famosos da época e o primeiro a dominar a região de Canaã. Sua história divide-se em três grandes períodos: Antigo, Médio e Novo Império (cf. mapa n. 6).

O Antigo Império perdurou, aproximadamente, do ano 3000 a 2030 a.E.C. A capital era Mênfis. O Egito não dominava ainda a região de Canaã, chamada então Retenu. O Antigo Império foi marcado por significativos progressos na escrita hieroglífica e na construção das grandes pirâmides, mas acabou com muitas lutas internas que enfraqueceram o poder das dinastias entre os anos 2190 e 2052 a.E.C., e reduziram o Antigo Império à região do baixo Egito.

O Médio Império vai de 2030 a 1552 a.E.C., aproximadamente. Até mais ou menos 1700 a.E.C. sua capital foi a cidade de Tebas. O poder da dinastia se restabeleceu e a literatura tomou grande impulso. De 1720 a 1610 o Egito entrou novamente em decadência por causa da desordem interna. Isso favoreceu a invasão de outros povos, sobretudo dos hicsos (1720-1552 a.E.C.).

Os hicsos se estabeleceram a leste do delta do rio Nilo, na região de Gessen (ou Cosen), e construíram a capital em Tânis, cujo nome mudou para Avaris. Introduziram novas técnicas de armamento: a espada em forma de foice, a couraça com escamas e o carro de guerra puxado por cavalo, até então desconhecidos no Egito. Trouxeram também uma nova técnica na construção de fortificações e um estilo de sociedade feudal. As cidades eram cercadas por muros, transformadas em potentes fortificações, com torres de vigia para a segurança e uma porta que dava acesso a seu interior.

No período do Médio Império, os países vizinhos viveram o problema da seca, que provocou a escassez de alimentos. O Egito era favorecido pelo rio Nilo. Tinha condições favoráveis à produção de alimentos e ao trabalho. Por isso, muitos povos migraram para lá. Segundo o Gênesis, Jacó teria ido também para o Egito, com a família (Gn 41,56-42,3; 46,8-27).

O Novo Império foi de 1552 a 1070 a.E.C. O Egito expandiu seu domínio e chegou a ocupar grande parte da terra que, desse período em diante, se chamaria Canaã, e não mais Retenu. No início, a capital do Novo Império foi Tebas. Mais tarde, no período do faraó Amenófis IV ou Akhenaton

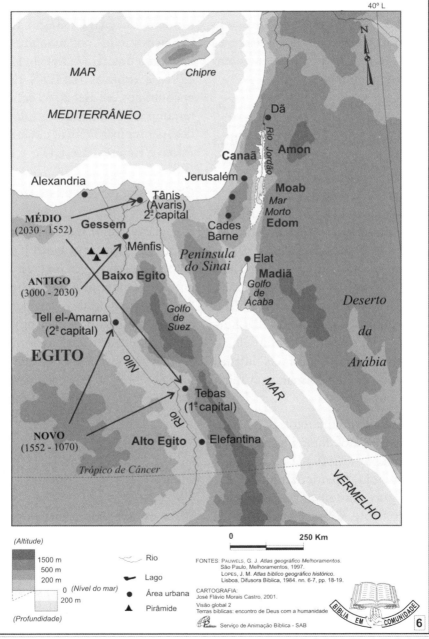

(1370-1352 a.E.C.), a capital foi transferida para Tell el-Amarna, cidade famosa pelos escritos que foram nela encontrados. Eles revelam a situação de Canaã durante o domínio egípcio.

Os reis das cidades-estados de Canaã escreviam para o faraó do Egito, que morava em Tell el-Amarna. Eles pediam proteção e ajuda. Faziam muitas reclamações contra um grupo de revoltosos, identificados por hapirus. O Egito havia perdido o controle sobre Canaã. Abriu-se assim o espaço em Canaã para a invasão dos hititas (1370-1336 a.E.C.), povos da Mesopotâmia. Eles são citados nas cartas de Tell el-Amarna como rivais dos hurritas, que disputavam com eles o domínio sobre Canaã. Os hurritas posteriormente formaram o reino dos mitanos.

O Egito tentou retomar o poder, no tempo dos faraós Ramsés II e Merneptá (1290-1214), mas não conseguiu. A partir de 1200 a.E.C., o Egito perdeu definitivamente o controle sobre Canaã, com a invasão dos povos do mar, os filisteus. Eles chegaram da costa do Mediterrâneo munidos com armas de ferro. Saquearam Canaã, dominaram as cidades do sul, onde se estabeleceram. Nesse contexto desenvolveram-se as narrativas bíblicas do Êxodo. Segundo as inscrições feitas nos monumentos em pedra dos faraós Seti I (1304-1290) e Ramsés II (1290-1224) encontrados em Betsã, os hebreus teriam sido submetidos à escravidão, para construírem as cidades de Pitom e Ramsés (Ex 1,11).

Canaã, um povo construtor de cidades

Canaã situa-se na Ásia. É uma disputada passagem tanto para o comércio como para o exército em tempos de guerra. As descobertas arqueológicas desde o vale do Jordão até a faixa litorânea provam que, ao norte de Canaã, o primeiro ser humano surgiu por volta de 500 mil anos atrás. Vivia em numerosas grutas e cavernas sobre o monte Carmelo e na região da Galileia, ao norte, enquanto na região montanhosa central começaram a surgir as primeiras populações 10 mil anos a.E.C.

As escavações arqueológicas revelaram ainda que a grande mudança que se deu na vida dessas populações foi a moradia. De habitantes de cavernas passaram a construtores de cidades. Jericó é a única cidade conhecida desse período e já apresentava notáveis progressos em técnicas de construção. Por volta do ano 4000 a.E.C., muitas cidades foram fundadas ao longo das regiões férteis e às margens do deserto. Começaram a aparecer também os objetos de cobre, além dos de pedra. Em Canaã foram encontrados poucos documentos escritos, ao contrário do que ocorreu na Mesopotâmia e no Egito, onde eram abundantes.[5]

---

[5] AHARONI, Y. & AVI-YONAH, M. Scavi archeologici in Palestina. In: *Atlante della Bibbia*. Piemme, Casale Monferrato, 1987. p. 63.

Roteiro para o estudo do tema

1. Oração inicial
Conforme a criatividade do grupo.

2. Mutirão da memória
Compor a síntese do conteúdo já lido por todos no subsídio. Caso as pessoas não tenham o subsídio, ficará a cargo do(a) líder expor a síntese.

Recursos visuais
- Mapa-múndi — situar os hemisférios e continentes (p. 17).
- Mapa "Crescente Fértil" (p. 19).
- Mapa "Antigos Impérios" (p. 20).
- Incentivar as pessoas a colorir em casa os mapas dos subsídios.

3. Partilha afetiva
Em plenário ou em grupos, dialogar:
- Em que locais, ambientes, paisagens, sinto mais fortemente a presença de Deus?
- Como era a terra em que me criei? Como era sua gente e seus costumes? Há alguma semelhança ou diferença entre o local e o ambiente em que vivo hoje e os de outrora, e entre as pessoas com quem convivi na infância e aquelas com quem convivo hoje?

Diálogo
Em plenário, compartilhar as experiências dos grupos e intercalar com refrões e cânticos que sintonizem com as experiências relatadas.

4. Sintonia com a Bíblia
Ler Gn 11,1-9.31-32; 12,1-9.

Diálogo de síntese:
O que significa hoje a expressão "encontro marcado entre Deus e a humanidade"?

Lembrete: para a próxima reunião, trazer um objeto pessoal que tenha um grande valor simbólico. Por exemplo, uma aliança, uma recordação de alguém.

2º tema
Israel: uma terra pequena que recebe de Deus um grande nome

Vamos conhecer neste tema os diferentes nomes que a terra de Israel recebeu, seus limites, seu primeiro mapa e sua proporção em relação ao Brasil.

Muitos nomes para a mesma terra

No decorrer da história, tanto o Brasil quanto Israel receberam nomes diferentes. Brasil não foi o primeiro nome de nosso país. Seu primeiro nome foi Ilha de Vera Cruz; o segundo, Terra de Santa Cruz; e, finalmente, Brasil.[1] Três nomes diferentes dados sucessivamente, no espaço de poucos anos. Por sua vez, a terra de Israel recebeu mais de três nomes no decorrer de sua longa história: Retenu, Canaã, Terra de Israel, Palestina, Reino de Israel, Reino de Judá, Palestina, Terra Prometida, Terra Santa e, a partir de 1947, Estado de Israel.[2] Nomes diversos dados ao mesmo lugar. Cada um deles indica períodos históricos e tamanhos territoriais diferentes. Quando estudarmos as grandes etapas da história do povo de Israel, vamos usar o nome que melhor corresponda a cada período.[3]

Retenu[4] foi o primeiro nome dado à terra de Israel, ainda no segundo milênio a.E.C.; na época, correspondia ao território de Israel e da Síria.

Por volta de 1500 a.E.C. a região era conhecida pelo nome de Canaã e abrangia também a Fenícia. A Bíblia também se refere a Canaã em Êxodo e em Juízes (Ex 15,15; Jz 5,19) e a seus habitantes, os cananitas ou cananeus, em Gênesis (Gn 12,6; 13,7).[5]

---

[1] COTRIM, G. *História do Brasil para uma geração consciente*. São Paulo, Saraiva, 1990. p. 20.

[2] Após a malsucedida revolta dos judeus contra os romanos no ano 70 E.C., a Judeia é transformada em província imperial sob o controle da décima legião romana, seguindo-se, no ano 135 E.C., a dispersão dos judeus, a sua expulsão de Jerusalém. Quando ficaram livres dos romanos, sofreram sob o domínio dos árabes, depois das cruzadas e enfim, dos otomanos. A seguir, ao longo de quase 20 séculos, a Palestina é ocupada por diversas etnias árabes, formando os atuais palestinos. A partir do fim do século XIX, começam a se estabelecer na região colônias judaicas que contavam com o apoio financeiro ocidental. Em novembro de 1947, a ONU dividiu a Palestina em dois Estados, um judeu (Estado de Israel) e outro palestino. Em 1948 e 1967 (Guerra dos Seis Dias), em dois conflitos armados, o Estado judeu amplia seu território, ocupando terras palestinas e de países vizinhos.

[3] A denominação Terra Santa é pacificamente aceita por judeus, árabes muçulmanos e cristãos.

[4] VV.AA. *Israel e Judá*: textos do antigo Oriente Médio. São Paulo, Paulus, 1985. p. 9.

[5] Idem, ibidem, pp. 7-42. Os autores afirmam que o nome "cananeu", no período após o exílio, designava o fenício. Era um nome comum para indicar o comerciante (cf. Is 23,8; Ez 16,29; 27,3.9-36; Zc 14,21). De fato, os fenícios eram internacionalmente conhecidos pelo comércio da púrpura.

O nome Palestina é conhecido por volta do ano 1250 a.E.C. É atribuído aos filisteus, habitantes que ocupavam a parte sul da costa mediterrânea. Seu território se estendia desde Gaza até a cidade de Biblos, na Fenícia. Oficialmente o nome Palestina foi dado a todo o território, pelos romanos, a partir de 132-135 E.C., incluindo a tradicional Judeia (cf. mapa da p. 31).[6]

Os nomes Reino de Israel e Reino de Judá correspondem a um pequeno período da história do povo da Bíblia, de 931 a 587 a.E.C., quando o reino de Salomão se dividiu em dois. O Reino de Israel situava-se na região Norte. Durou, aproximadamente, 209 anos, de 931 a 722 a.E.C. E o Reino de Judá, na região Sul, durou cerca de 344 anos, de 931 a 587 a.E.C. Outro nome dado a essa região é País ou Terra de Israel, segundo os dados bíblicos em 1Sm 13,19. Esse nome aparece não só na Bíblia, mas também nos escritos rabínicos do primeiro século da era cristã.

Na Bíblia, encontram-se outras expressões referentes à terra de Israel; elas carregam predominantemente um sentido teológico: Terra Prometida; Terra Santa; Herança de Deus e Herança Profanada, Terra Prometida por Deus aos pais (cf. Gn 12,7; 13,14-17; 15,18; Ex 23,30), antepassados do povo de Israel, Abraão, Isaac e Jacó. Os livros de Josué e dos Juízes apresentam a ocupação da terra de Israel pelas doze tribos, uma prova de que Deus deu essa terra a seu povo, de que ele realizou sua promessa (Hb 11,9). Era Terra Santa, porque era lugar sagrado onde Deus se manifestava (Gn 21,16-17; Ex 3,5-6; Js 5,15). Israel é o santuário do Senhor, porque é a terra de Deus (Is 14,2; Os 9,3). Se um israelita era expulso de sua terra não podia honrar seu Deus (1Sm 26,19), como também o estrangeiro que quisesse honrar a Deus devia carregar um pouco da terra de Israel (2Rs 5,17). A terra de Israel é Herança de Deus porque é propriedade de Deus dada por ele a seu povo (Js 22,19). Este devia se considerar estrangeiro, peregrino, hóspede na terra de Deus. Podia usufruir dela, mas não era seu dono absoluto (Lv 25,23). Outra expressão que encontramos nos escritos bíblicos é Herança Profanada, porque a terra dada por Deus a Israel foi profanada pelos

---
[6] Cf. Soggin, op. cit., p. 23.

diversos tipos de impureza dos povos que a ocuparam. Por isso eles foram expulsos e ela foi entregue a Israel (Lv 18,24-28; Dt 21,22-23).

A partir de 1947 essa terra é conhecida pelo nome de Estado de Israel. No mapa-múndi aparece apenas como Israel. Refere-se ao mesmo lugar, assim como todos os nomes dados anteriormente a essa terra, embora com proporções territoriais diferentes.

A terra de Israel e seus limites

A terra de Israel situa-se no Oriente Próximo, na Ásia. A própria Bíblia traz algumas indicações sobre os limites da terra, em Números e Ezequiel (cf. Nm 34,1-13; Ez 47,15-20). Esses textos nasceram no contexto do exílio na Babilônia (587-538 a.E.C.), quando grande parte do povo de Israel estava fora da terra e nela projetava seus limites.

Apesar de seus limites mudarem de acordo com as diferentes épocas e as sucessivas dominações, como veremos mais adiante, essa Terra se limita basicamente ao norte com as montanhas do Líbano e Antilíbano; ao sul, com o Egito e a península do Sinai; a oeste com o mar Mediterrâneo; e a leste com a Transjordânia, as atuais Síria e Jordânia (cf. mapa n. 7).

O primeiro mapa da terra de Israel: Mádaba

O primeiro mapa de Israel não nasceu com o texto bíblico. Na Bíblia se encontram somente descrições sobre a delimitação do território (Nm 34,1-12; Ez 47,15-20), mas não foram elaborados mapas como conhecemos hoje. Houve várias tentativas de descrições geográficas,[7] e a que chegou até nós na forma gráfica foi o mapa de Mádaba (cf. mapa n. 8). Mádaba é o nome da pequena cidade onde ele foi encontrado, próxima do monte Nebo, na atual Jordânia, a leste do mar Morto. Seu autor é desconhecido e remonta ao século VI E.C. Esse mapa se encontra ainda hoje em Mádaba, fixado no chão da igreja ortodoxa de São Jorge, todo feito em mosaico. Infelizmente grande parte dele foi destruída durante a reforma da igreja.

---

[7] Antes do mapa de Mádaba, Estrabão (64 a.E.C-25 E.C.) fez uma descrição da geografia da terra de Israel. Cláudio Tolomeu (século II E.C.) fez um compêndio de geografia com cálculos de latitude e longitude. Eusébio de Cesareia (início do século IV E.C.), no seu dicionário de 300 nomes bíblicos, chamado *Onomasticon*, faz referência a nomes de lugares bíblicos. Entre o século III e o IV de nossa era tornou-se conhecido um mapa com as principais estradas do Império Romano (cf. *I Libri di Dio: introduzione generale alla Sacra Scrittura*, VV.AA., Torino, Marietti, 1975, pp. 343-356).

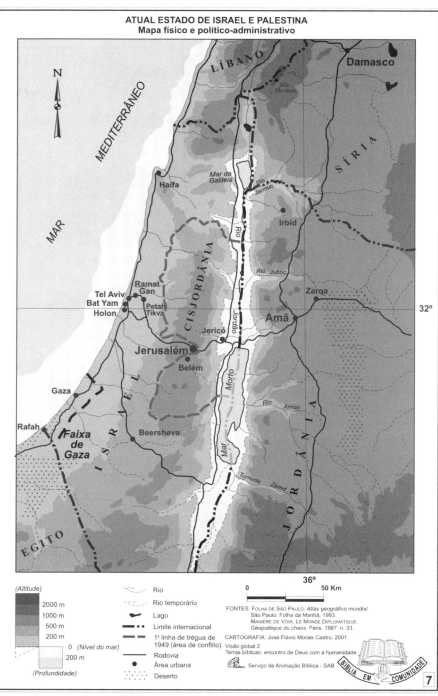

MAPA DE MÁDABA
Séc. VI E.C.

Foto do primeiro mapa da terra de Israel em mosaico, no chão da Igreja Ortodoxa de São Jorge, em Mádaba. FONTE: Alanvar Advertising Agency - Amman - Jordan.

Visão global 2
Terras bíblicas: encontro de Deus com a humanidade
Serviço de Animação Bíblica - SAB

© Pia Sociedade Filhas de São Paulo, 2001

O mapa de Mádaba foi uma primeira tentativa de representar graficamente parte da terra de Israel.[8] O estudo da geografia dessa terra tomou maior impulso a partir do ano 1000 E.C., com as cruzadas. Hoje é fácil ter acesso a mapas atualizados e com características diferentes. No início não era assim. A falta de mapas trazia dificuldades para determinar a extensão de um território.

A terra de Israel cabe mais de 400 vezes dentro do Brasil

Ao observar hoje no mapa-múndi o nome "Israel", constata-se a dificuldade de visualizá-lo, por ser um território muito pequeno. A extensão dessa terra não foi sempre a mesma. Houve períodos em que atingiu maior ou menor extensão territorial. No tempo dos juízes, as tribos chegaram a ocupar aproximadamente 15.500 km² na Cisjordânia, na parte oeste, e 9.500 km² na Transjordânia, a leste do Jordão. As duas regiões totalizavam 25.000 km² de norte a sul e de leste a oeste.[9] O comprimento também varia. De Dã, ao norte, até Bersabeia, ao sul, são 240 km e, caso se inclua o deserto do Negueb até Elat, chega a 400 km.[10] A largura da Cisjordânia não é uniforme; ao norte, chega a 48 km; ao sul, a 80 km (cf. mapa n. 9).

A terra de Israel cabe aproximadamente 420 vezes dentro do Brasil.[11] Ela corresponde mais ou menos ao território de Sergipe, o menor Estado brasileiro. A superfície total do Brasil é de 8.511.965 km². A terra de Israel, além de ser pequena em relação ao Brasil, tem grandes desertos e muitas regiões montanhosas, que não são habitadas.

---

[8] Cf. Aharoni e Avi-Yonah, op. cit. p. 15.

[9] VV.AA. Geografia della Bibbia. In: *Il Messaggio della Salvezza*. Torino, Elle Di Ci, 1990. v. 1, p. 296.

[10] VV.AA. Geografia della Palestina e delle Terre Bibliche. In: *I Libri di Dio*..., cit., pp. 343-356.

[11] O Brasil não é o país de maior extensão territorial. São maiores o Canadá, a China e os Estados Unidos.

BRASIL
Em proporção com a terra de Israel

BRASIL: 8.511.965 Km²								
Área em Km²	AM	1.567.964	CE	145.694	RJ	43.653		
	PA	1.246.833	RN	53.167	SP	248.256	Terra de Israel	
	AC	153.698	PB	53.958	PR	199.324		
	RO	238.379	PE	101.023	SC	95.318		
	RR	225.017	AL	29.107	RS	280.674		
	AP	142.359	**SE**	**21.863**	MT	901.421	25.000 Km²	
	TO	277.322	BA	566.979	MS	357.472		
	MA	329.556	MG	586.624	GO	340.166		
	PI	251.273	ES	45.733	DF	5.794		

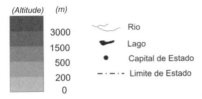

FONTES: PAUWELS, G. J. *Atlas geográfico Melhoramentos*. São Paulo, Melhoramentos, 1997.
SIMIELLI, M. E. R. *Geoatlas*. São Paulo, Ática, 1996.
CARTOGRAFIA: José Flávio Morais Castro, 2001.
Visão global 2
Terras bíblicas: encontro de Deus com a humanidade
Serviço de Animação Bíblica - SAB

© Pia Sociedade Filhas de São Paulo, 2001

Roteiro para o estudo do tema

1. Oração inicial
Conforme a criatividade do grupo.

2. Mutirão da memória
Compor a síntese do conteúdo da segunda reunião — "Israel: uma terra pequena que recebe de Deus um grande nome" (Dt 7,7) — já lido por todos no subsídio. Caso as pessoas não tenham o subsídio, ficará a cargo do(a) líder expor a síntese.

Recursos visuais
- Mapa "Brasil em proporção com a terra de Israel" em transparências para retroprojetor.
- Incentivar as pessoas a colorir em casa os mapas dos subsídios.

3. Partilha afetiva
Em grupos:

- apresentar o objeto solicitado na reunião anterior e explicar por que ele é tão significativo;
- contar a história dele e depois pensar: "Que nome eu daria a este objeto, para sintetizar o significado dele?".

4. Sintonia com a Bíblia
Ler Nm 34,1-12.

Diálogo de síntese
O texto diz que a terra tem um nome: Israel. Ela simboliza a presença de Deus nas lutas do povo.

- Vendo a luta e a fé do povo brasileiro, que nome poderíamos dar ao nosso país?

Visão Global 2

Lembrete: para a próxima reunião, trazer o que for possível encontrar (cada pessoa poderá definir o que irá trazer):

- vegetais (um galhinho ou ilustração): figueira, mamona, oliveira, videira, romã, acácia, cedro, pinheiro, carvalho, papiro, linho, lírio;
- animais (ilustrações ou estatuetas): boi, cabra, ovelha, jumento, urso, raposa, leopardo, gazela, cervo, camelo, águia, abutre, coruja, pomba, perdiz, pardal;
- cereais e minerais: sal, trigo, cevada, fava, lentilha, painço, azeitona, areia, cobre, ferro, argila.

3º tema
Entre serras e planícies, um povo luta pela vida

Neste tema vamos considerar as regiões naturais da terra de Israel: a região do litoral do mar Mediterrâneo, a região das montanhas da Cisjordânia, a fossa jordânica e a região montanhosa da Transjordânia. Vamos conhecer algumas características, as cidades mais importantes, a fauna e a flora, com alguns paralelos com o Brasil.

Regiões naturais da terra de Israel

No estudo anterior, as medidas indicaram que a terra de Israel, de fato, é muito pequena comparada ao Brasil. Mesmo sendo tão pequena podem-se distinguir na terra de Israel quatro regiões naturais: a faixa litorânea, a região das montanhas na Cisjordânia, a fossa jordânica e a região das montanhas na Transjordânia (cf. mapa n. 10).

Faixa litorânea, um celeiro à beira do mar

É uma faixa de terra ao longo do mar Mediterrâneo. Começa em Gaza, a região de baixas colinas ao sul, e vai até Tiro, ao norte. Tem cerca de 208 km de comprimento. Compreende a planície dos Filisteus, a Costeira, a de Saron, a de Jezrael e a de Aser, ricas em oliveiras e grãos (Jz 15,5). São regiões muito férteis por causa das abundantes chuvas. Na região de Gaza, que faz divisa com o deserto, as chuvas e a agricultura são escassas.

A estrada mais importante, de comunicação internacional, passa por essa região entre planícies e montanhas; chama-se estrada do Mar (*via Maris;* cf. Is 8,23). Começa no Egito, costeia o Mediterrâneo e, na altura da planície de Jezrael ou Esdrelon, segue em direção a Tiro e Damasco, capital da Síria. Ao longo da estrada do Mar, situam-se cidades importantes e fortificadas, como: Laquis, Lebna, Jâmnia, Cesareia Marítima e outras.

Região das montanhas da Cisjordânia: entre serras e planícies, o povo constrói sua história

A região das montanhas da Cisjordânia é formada pelo deserto do Negueb — também chamado deserto de Sin —, pela serra de Judá, na Judeia, pela serra de Efraim na Samaria e pela serra da

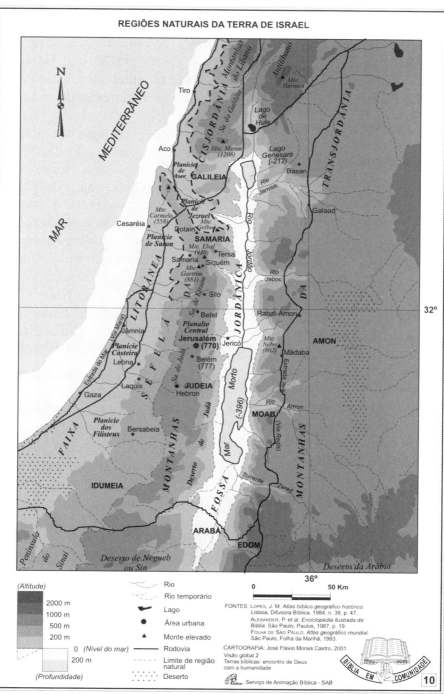

Galileia, na Galileia. No deserto do Negueb encontram-se duas cidades importantes para a história de Israel: Cades Barne (Dt 9,23) e Bersabeia (Gn 46,1).

A serra de Judá é formada por uma cadeia de montanhas que chega a 1.020 m de altura. Começa em Bersabeia, ao sul, e termina um pouco depois de Jerusalém. Próximo ao mar Morto, encontra-se o deserto de Judá (Js 16,1; Mt 3,1), onde pregou João Batista e se formou a comunidade de Qumran. As cidades importantes dessa região são: Hebron, Belém e Jerusalém. Hebron foi o primeiro centro do poder de Judá (2Sm 2,1-14). Belém é considerada o lugar de origem da família de Davi (Rt 1,1; 4,22; 1Sm 16,1). Jerusalém passou a ser o centro religioso e político após a unificação das tribos, sob o reinado de Davi (2Sm 5,5).

A serra de Efraim, na Samaria, chega a uma altitude de 300 a 900 m (Jz 17,1; 1Sm 1,1). Nessa região situa-se o planalto central com cidades importantes como Betel, Silo, Siquém, Tersa, Samaria, Dotain e outras. A cidade de Betel era importante por seu santuário, sobretudo no período dos patriarcas (Gn 12,8; 13,3-4; 28,19). Foi centro de reunião das tribos, no tempo dos juízes (Jz 20,18). Depois, cidade escolhida por Jeroboão I como centro religioso do reino de Israel na sua parte sul (1Rs 12,29). Silo também era lugar de reuniões no mesmo período (Jz 21,19; Js 22,9.12). Em Siquém, lugar de um santuário muito antigo (Gn 12,6), realizou-se a assembleia da confederação das tribos, segundo Js 24. Ali se estabeleceu o rei Jeroboão, após a separação do Reino Unido (1Rs 12,25). Tersa e Samaria foram capitais do Reino do Norte (1Rs 14,17) no período de Jeroboão a Omri (Onri) (910-870 a.E.C.). Samaria foi a segunda (1Rs 16,24).

A serra da Galileia situa-se entre a serra de Efraim na Samaria e as montanhas do Líbano, ao norte. Compreende a planície de Jezrael ou Esdrelon. É uma região fértil e a maior extensão cultivável de Israel. Foi o cenário de grandes lutas na história do povo. Nela se localizam importantes montes, como o Gelboé (1Cr 10,8) e o Tabor (Jz 4,6). A altitude das colinas vai de 600 a 1.200 m.

Cidades importantes: Nazaré e Caná. Na região próxima ao Mediterrâneo, há um clima agradável: frio no inverno e moderado no verão.

A fossa jordânica: as águas que ouviram a voz de Jesus

A fossa jordânica ou depressão do Jordão é formada por uma falha geológica que desce do norte em direção ao sul. Inicia na região sírio-libanesa acima do nível do mar e chega a seu ponto mais baixo no mar Morto, formando a maior depressão da Terra. Estende-se ao longo da África oriental (Etiópia, Kênia, Tanzânia). Essa falha é fruto de um cataclismo sísmico da pré-história. Por isso, é uma região sujeita a terremotos.[1] A fossa jordânica começa ao norte, nas montanhas do Líbano e Antilíbano. É formada pelo rio Jordão, lago de Hule, lago de Genesaré, mar Morto e a Arabá.

O rio Jordão (Js 3,1; Mt 3,6) nasce aos pés do monte Hermon (2.840 m), com mais de 60 m de altitude, e desce formando o lago de Hule e o lago de Genesaré, este com um nível de 210 m abaixo do nível do mar. Ele possui 300 km de comprimento e 180 km em linha reta. A vazão média do Jordão é de 95 m³ por segundo e esse volume é menor ainda no período da seca.[2] O lago de Hule tinha o comprimento de 13 km por 5 km de largura e uma profundidade de 4,5 m. A superfície era de 14 km². Foi extinto por volta de 1950 e transformado em Parque Nacional.[3]

O lago de Genesaré (Lc 5,1) recebe também o nome de mar de Tiberíades (Jo 21,1) ou ainda mar da Galileia (Jo 6,1). Esse lago foi palco da atividade de Jesus e muitas vezes citado nos evangelhos. Tem 20 km de comprimento, 12 km de largura e 40 m de profundidade. O clima próximo ao lago é tropical e úmido, agradável e primaveril no inverno, e muito quente no verão.

O mar Morto (Ez 47,8), conhecido no Primeiro Testamento como mar salgado (Dt 3,17), é um grande lago no qual desemboca o rio Jordão. Chama-se mar Morto porque nele não existe vida por causa da alta quantidade de sal, que chega a 27%. Tem 76 km de comprimento, 15 km

---

[1] Soggin, op. cit., p. 567.
[2] MONLOUBOU, L. & DU BUIT, F. M. "Giordano". In: *Dizionario biblico storico/critico*. Roma, Borla, 1987. (Ed. brasileira: *Dicionário bíblico universal*, Aparecida/Petrópolis, Santuário/Vozes, 1997.)
[3] Soggin, op. cit., p. 25.

de largura e sua superfície é de 920 km². Encontra-se aproximadamente a 396 m abaixo do nível do mar. Chega a uma profundidade de até 400 m ao norte e 3 m ao sul. Esse é o ponto mais baixo da terra.[4] O calor nas proximidades do lago é sufocante. Sua evaporação diária era de 6 a 9 milhões de metros cúbicos. Hoje esse quadro está mudando. As águas dos rios Jordão e Arnon estão sendo cada vez mais utilizadas para a agricultura e não chegam mais a compensar o grau de evaporação; desse modo, o nível da água tende a baixar.

Nas proximidades do mar Morto há desertos como o de Judá e oásis como Engadi e Zoar.

Arabá, ao sul, compreende uma região desértica ao longo da qual se prolonga a depressão do mar Morto até o golfo de Ácaba, passando por entre as montanhas do Negueb e de Edom. Ao longo da Fossa Jordânica situam-se cidades importantes como Dã, Cafarnaum, Tiberíades, Jericó...

A região das montanhas da Transjordânia: frio, chuvas e neve

A Transjordânia é uma região montanhosa semelhante à Cisjordânia, dela separada pela fossa jordânica. As montanhas têm de 600 a 2.000 m, a leste do Jordão, desde a Galileia até o sul do mar Morto. Nela se encontra também o planalto oriental nas proximidades da região de Galaad. As chuvas são abundantes nessa região e favorecem a agricultura e a criação de ovelhas e bois. O clima é quente e seco no verão e mais ameno nos lugares altos. No inverno é frio e chuvoso, com frequentes e abundantes nevadas. A transjordânia é uma região muito fértil. Ela sempre foi causa de grande rivalidade entre os poderosos que nela dominaram e se tornou alvo de muitas advertências dos profetas (Am 4,1; Mq 7,14).

Do lado da Transjordânia nascem três rios importantes: o Jarmuc, ao norte; o Jaboc, ao centro (Gn 32,23); o Arnon (Dt 2,24) e a torrente de Zared (Nm 21,12), ao sul. Entre eles se situam importantes regiões da Transjordânia, atual Jordânia. Ao norte do rio Jarmuc, localiza-se a região de Basã (Dt 3,10); entre o rio Jarmuc e o Arnon, a região de Galaad (Dt 3,12), ao centro; entre o Arnon e o Jaboc, a região de Amon (Dt 3,16); entre o rio Arnon e a torrente de Zared, a região de Moab (Dt 2,9). Nela se

---
[4] VV.AA. Idrografia: Il Giordano e i suoi laghi. In: *Il Messaggio*..., cit., p. 297; La fossa Giordanica. In: *I libri di Dio*..., cit., p. 350.

encontra a cidade de Mádaba, que traz no chão da igreja de São Jorge o primeiro mapa gráfico da terra de Israel. Próximo dela fica o monte Nebo, sobre o qual, segundo a tradição bíblica, Moisés morreu. Ao sul da torrente de Zared se encontra a região de Edom (Dt 2,1-14) e de Madiã (Ex 2,15).

A região de Edom é arenosa e rósea, e situa-se ao sul do mar Morto. Nessa região está a cidade arenosa de Petra, dos nabateus, esculpida na rocha.

Pela Transjordânia passa a segunda estrada mais importante da região, que começa no golfo de Ácaba, sobe a região de Arabá passando por Edom, Moab, Amon e liga-se com a Síria e a Mesopotâmia. É chamada de estrada Real (*via Regis;* cf. Nm 21,22). Em seu trajeto, liga-se a outras estradas secundárias do Egito e de outras regiões.

Israel e Brasil: terras semelhantes e diferentes

O relevo das quatro regiões naturais da terra de Israel é muito diversificado. Na região litorânea predominam as planícies; na Cisjordânia e Transjordânia, as serras e planaltos; no vale do Jordão, uma grande depressão. Apesar dessa diversidade do relevo, encontramos semelhanças com o Brasil. Como na terra de Israel, o relevo brasileiro é formado por planícies, planaltos e serras. As planícies predominam na região próxima do rio Amazonas, no pantanal mato-grossense e em menor proporção no litoral. Os planaltos se estendem por todo o território nacional, enquanto as serras predominam no litoral e nas fronteiras ao norte do país.

No norte do estado do Amazonas, quase na fronteira com a Venezuela, na serra do Imeri, encontra-se o ponto mais alto do Brasil: o pico da Neblina, que chega a 3.014 m de altitude. As planícies marginais ao rio Amazonas apresentam uma originalidade: quase atravessando o continente de leste a oeste, são bastante niveladas, pouco acima do nível do mar. Ao entrar em nosso território, o rio tem uma altitude de 65 m em relação ao nível do mar, percorrendo, em declive muito suave, seu longo curso de pouco mais de 3.000 km até atingir sua foz no oceano Atlântico.[5] A média de altitude das

---

[5] Enquanto o rio Amazonas apresenta, em território brasileiro, um desnível de apenas 65 m em seu longo percurso de pouco mais de 3.000 km, o rio Jordão apresenta um desnível de 456 m em um percurso de 300 km.

[6] VESENTINI, J. W. *Brasil, sociedade e espaço*: geografia do Brasil. São Paulo, Ática, 1990. pp. 174-178; MOREIRA, I. *Geografia nova*: o espaço brasileiro. São Paulo, Ática, 1993. v. 2, pp. 127-128.

terras brasileiras está entre zero e 900 m,[6] assemelhando-se mais à região central da Cisjordânia. Outra semelhança encontra-se entre a região do Nordeste brasileiro e a região sul de Israel, ambas são regiões áridas e com poucas chuvas.

Se há alguma semelhança entre Brasil e Israel nos aspectos naturais, há também grandes diferenças, como já se constatou, na extensão territorial, hidrografia e em outros elementos. Na terra de Israel a água é escassa, há poucos rios. O Jordão é o maior rio do país, mas, comparado a muitos rios do Brasil, é um riacho. Os rios brasileiros são inúmeros e parte deles é utilizada para navegação, hidrelétricas, reservatórios de água e outras finalidades. O rio Amazonas está entre os maiores do mundo e tem 5.825 km de comprimento, com uma largura média de 4 a 5 km, podendo chegar a 50 km de margem a margem, durante as cheias.[7]

Clima da terra de Israel e do Brasil

As montanhas, chuvas e ventos interferem muito no clima de Israel. Predomina o clima subtropical do Mediterrâneo. Duas estações são fortes e determinantes: o inverno e o verão. O inverno prolonga-se de novembro a março e caracteriza-se por abundantes chuvas e pelo frio. Sobre as montanhas chega a cair neve, seguindo-se dias com neblina. O vento sul e oeste é responsável pelas chuvas que caem nesse período. O verão começa em maio e termina em setembro. A temperatura é quente e seca. A intensidade do calor do verão é amenizada pelos ventos frescos e secos que chegam da região Norte e Leste.

A primavera e o outono não são determinantes e têm curta duração. A primavera fica reduzida, aproximadamente, a abril, e o outono, a outubro. Na primavera e no outono os ventos que vêm da região Leste e Sul são quentes, secos e carregados de areia, por isso são prejudiciais ao ser humano, aos animais e à agricultura.

Israel é um pequeno país; seu clima é diversificado e tem semelhanças e diferenças com o clima do Brasil. Nos dois países há duas estações que predominam: o inverno e o verão. Na terra de Israel, o inverno é frio e chuvoso; no Brasil, é chuvoso e quente nas regiões Norte e Nordeste, frio e seco na região Central e frio e chuvoso no Sul. O verão em Israel é quente

---
[7] ANTUNES, C. As regiões do Brasil. In: *Geografia e participação*. São Paulo, Scipione, 1993. v. 2, p. 108.

e seco; no Brasil, em algumas regiões, também é quente e seco; em outras, chuvoso e quente.

O orvalho e o poço: uma bênção de Deus para a terra

No Brasil conhecemos o orvalho, mas não na intensidade daquele que cai em Israel. O fenômeno do orvalho é comum e profuso. Tem uma função importante nessa região, onde a chuva é escassa. Durante a noite, o orvalho cai abundantemente (Jz 6,37-40) a ponto de umedecer a terra, favorecendo uma vegetação rasteira nas estepes e no deserto. É mais intenso na região costeira, proporcionando uma temperatura agradável no verão e amenizando o problema da água, sobretudo no tempo das secas.

Mesmo assim o orvalho não era tão abundante a ponto de ser retido em cisternas e poços. Estes eram cavados em terreno rochoso para reter as águas das chuvas, ou na terra, até atingirem um veio d'água, e utilizados especialmente pelos pastores nômades, para si mesmos e para os rebanhos. Na Bíblia encontramos diversos textos que falam da disputa entre pastores e pastoras pelos poços d'água (Gn 21,25; 26,18-22). Eles se tornaram no passado lugares de encontro, principalmente entre os jovens pastores e as moças que iam tirar água. Isaac (por intermédio do servo Eliezer), Jacó e Moisés (Gn 24,11.14-15; 29,1-18; Ex 2,15-21) encontraram junto a esses poços suas esposas. No Segundo Testamento é muito conhecido o encontro de Jesus com a Samaritana junto ao poço de Jacó (Jo 4,6-7). Hoje os poços são mais utilizados no interior e sobretudo nas regiões onde a água para a vegetação é escassa, como no sertão do Nordeste brasileiro.

Minerais da terra de Israel e do Brasil

Na terra de Israel não existiam minas de ouro e prata; esses metais chegavam por meio dos povos vizinhos, como o Egito (Ex 32,4), a Fenícia e Ofir, de onde o rei Salomão, segundo a tradição bíblica, importou ouro e "fez com que a prata fosse tão comum em Jerusalém quanto as pedras" (1Rs 10,21-27). O cobre, metal mais abundante no antigo Israel, era extraído das minas mediante aquecimento. A área de mineração de cobre se encontra na região desértica entre o mar Morto e o golfo de Ácaba. Em Timna, cerca de 20 km ao norte de Elat, foram encontradas galerias subterrâneas ainda anteriores ao rei Salomão.

Visão Global 2

O uso do ferro se difundiu lentamente em Israel. No tempo de Davi e Salomão, os israelitas começaram a produzir utensílios de ferro. Outros recursos minerais da região eram as pedras de alvenaria, argila, betume e areia, além dos elementos químicos encontrados na região do mar Morto, como o potássio e o magnésio.[8]

O solo brasileiro é pródigo de riquezas minerais segundo as diferentes regiões: no Norte, há petróleo, ouro, cassiterita, bauxita, manganês e ferro. No Nordeste, há sal e petróleo. No Sudeste, há ferro, manganês, cassiterita, petróleo, minerais atômicos, sal e bauxita. No Sul, há carvão mineral e cobre. No Centro-Oeste, há cassiterita, níquel, ferro e manganês.

A fauna da terra de Israel e do Brasil

Em Israel são conhecidas muitas espécies de animais. A Bíblia traz nomes de animais selvagens, de carga, de criação, aves de rapina e migratórias. Entre os animais selvagens destacam-se: urso (1Sm

---

[8] VV.AA., *Enciclopédia ilustrada...*, cit., pp. 264-265.

17,34-36), raposa (Jz 15,4), chacal (Jr 9,10), leopardo (Is 11,6), leão (Ap 5,5), lobo (Mt 7,15), cervo e gazela (Ct 2,8-9). Entre os animais de carga, são mais conhecidos na Bíblia o jumento (Zc 9,9; Nm 22,21), o mulo (Ez 27,14), o camelo (Jó 1,3) e o cavalo (Est 6,8-11). Os animais de criação conhecidos nos textos bíblicos são: ovelhas, cabras (Jo 10,1-12; Mt 25,32) e gado bovino (Lv 1,2-5). A Bíblia menciona cerca de 50 espécies de aves, muitas das quais de difícil identificação. Entre as aves de rapina, são conhecidas a águia (Is 40,31), a coruja (Is 34,11) e o corvo (1Rs 17,4). E entre as aves que serviam de alimentos, citam-se a pomba-rola (Mt 3,16; 21,12), a perdiz (1Sm 26,20), a codorniz (Ex 16,13) e o pardal (Lc 12,6-7).

Há uma fauna variada tanto em Israel como no território brasileiro. Este é dividido em sete ecossistemas: mata amazônica, mata atlântica, pinheirais, manguezais e restingas, cerrado, caatinga e pantanal. Cada um desses ecossistemas contém uma fauna abundante e característica em mamíferos, aves, répteis, anfíbios, peixes, equinodermos, artrópodes, moluscos e outros.

A flora da terra de Israel e do Brasil

A Bíblia menciona muitas espécies de plantas, algumas bem conhecidas, outras de difícil identificação. Entre os cereais mais conhecidos aparecem favas, lentilhas, cevada, trigo (2Sm 17,28; Ex 9,31-32) e painço. O linho servia para fabricar roupas e envolver cadáveres (Ex 26,1; Jo 20,6). O papiro servia para a escrita e a fabricação de cestos, sandálias e embarcações (Is 18,2; Ex 2,3).

Havia plantas usadas para os temperos: canela (Ct 4,14), cominho (Mt 23,23), hissopo (Jo 19,29) e mostarda (Mt 13,31-32). Plantas medicinais e perfumes: incenso (Mt 2,11), mirra (Mc 15,23), nardo (Jo 12,3), absinto e fel. Entre as plantas silvestres: lírio do campo (Mt 6,28), ervas daninhas e joio (Mt 13,24-30).

As árvores e arbustos frutíferos importantes, nomeados pelo povo de Israel, são: amendoeira (Jr 1,11), figueira (Jo 1,48; Ct 2,13), sicômoro (Am 7,14; Lc 19,4), mamoneira (Jn 4,6), oliveira (Jz 9,8), palmeira (tamareira) (Jo 12,13), romãzeira (1Rs 7,20; Ct 6,11) e videira (Nm 13,20; Jo 15,1). As árvores e arbustos não frutíferos: acácia (Ex 25,10), cedro (1Rs 7,12), mirto (Is 41,19), cipreste (1Rs 5,22), carvalho (Is 2,13), terebinto (Os 4,13), salgueiro (Is 15,7) e álamo (Gn 30,37).[9] A maior parte das plantas é conhecida no Brasil. Grande parte delas pode ser encontrada na floresta amazônica, na mata atlântica, na mata de araucária, no pantanal, nos pampas, no cerrado e na caatinga. São as grandes regiões onde se encontra uma vegetação característica em nosso país.

Na floresta amazônica as árvores são de grande porte e predominam o castanheiro-do-pará, a copaíba, a seringueira, o guaraná e a baunilha. Na mata atlântica há predomínio do ipê, da peroba, do jacarandá e do pau-brasil. A mata araucária possui o pinheiro-do--paraná e o pinho.

O pantanal apresenta uma vegetação variada e de pequeno porte. Os pampas e cerrados têm uma vegetação rasteira propícia para a criação de gado. A caatinga caracteriza-se pelos cactos e arbustos de pequeno porte.[10]

*

Conclusão

Israel e Brasil, terras santas onde pisou o povo de Deus de ontem e de hoje. Neste estudo sobre as terras bíblicas, tivemos uma visão geral da terra de Israel e a possibilidade de relacioná-la com o Brasil, nas semelhanças e diferenças. Situamos as duas terras geograficamente, com a respectiva extensão territorial, condições naturais de relevo, clima, hidrografia, flora e fauna.

O estudo integrado entre os dois países possibilitou uma leitura mais situada da terra de Israel, comparada com a realidade brasileira, que conhecemos. Conscientes de que a realidade geográfica determina e influencia as condições de vida de um povo, concluímos que, se podemos chamar Terra Santa a terra de Israel, podemos igualmente chamar Terra Santa toda a terra onde pisa o povo de Deus de ontem e de hoje.

---

[9] Idem, ibidem, pp. 24-31.
[10] Cruz, D. *Ciências e educação ambiental*. São Paulo, Ática, 1995. p. 26.

O que faz com que a terra seja santa é o presente que Deus dela fez a seus filhos e filhas que ontem e hoje nela vivem e fazem história. O ser humano é obra-prima de Deus Criador que "fez o céu e a terra" e os destinou como morada presente e futura para todos e todas. Deste modo a terra de Israel, a nossa terra, como as terras ocupadas pelos demais povos são igualmente sagradas. Neste estudo, conhecemos a terra de Israel. Agora vamos conhecer o povo que nela se formou durante o período das tradições orais.

Roteiro para o estudo do tema

1. Oração inicial
Conforme a criatividade do grupo.

2. Mutirão da memória
Compor a síntese do conteúdo já lido por todos no subsídio. Caso as pessoas não tenham o subsídio, ficará a cargo do(a) líder expor a síntese.

Recursos visuais
- Mapa "Regiões Naturais da Terra de Israel" (cf. p. 39).
- Incentivar as pessoas a colorir em casa os mapas dos subsídios.

3. Partilha afetiva
Em grupo ou em pequenos grupos, cada pessoa vai compartilhar aquilo que trouxe e colocar no centro do grupo:
- *Quem trouxe gravuras ou galhos de plantas*: "Tenho em minha vida alguma árvore ou planta que me seja querida? Por quê? Que lembranças ela me traz?".
- *Quem trouxe gravuras de animais*: "Tenho algum animal que me traz recordações queridas?".
- *Quem trouxe cereais e minerais*: "Para que serve este cereal ou mineral que eu trouxe? Será que o povo da Bíblia fazia dele o mesmo uso que nós fazemos?".

4. Sintonia com a Bíblia
Ler Sl 104 (ou 103): "O poema da criação". Nesse salmo, todos os elementos da criação são importantes aos olhos de Deus.

Diálogo de síntese
Lembrar rapidamente relatos bíblicos em que aparecem plantas, animais ou objetos iguais aos que trouxemos.

Subsídios de apoio

Bibliografia utilizada

Bíblia: Associação Laical de Cultura Bíblica. *Vademecum para o estudo da Bíblia*. São Paulo, Paulinas, 2000.

Castro, José Flávio Morais. *Transparências de mapas e temas bíblicos para retroprojetor*. São Paulo, Paulinas, 2001.

Konings, J. *A Bíblia nas suas origens e hoje*. Petrópolis, Vozes, 1999.

Lohse, Eduard. *Contexto e ambiente do Novo Testamento*. São Paulo, Paulinas, 2000.

Sanches, T. P. *Um livro chamado Bíblia*. São Paulo, Paulinas, 1992.

Storniolo, I. & Balancin, E. *Conheça a Bíblia*. São Paulo, Paulus, 1999.

VV.AA. *Atlas da Bíblia*. São Paulo, Paulus, 1985.

Bibliografia de apoio

Auth, Romi; Duque, Maria Aparecida. *O estudo da Bíblia em dinâmicas*: aprofundamento da visão global da Bíblia. São Paulo: Paulinas, 2011.

Medeiros, José M. de. *Panorama da história da Bíblia*. 12. ed. São Paulo: Paulus, 2009.

Zwickel, Wolfgang. *Atlas bíblico*. São Paulo, Paulinas, 2010.

VV.AA. *Atlas da Bíblia*. 15 ed. São Paulo, Paulus, 1997.

Sumário

APRESENTAÇÃO 5

METODOLOGIA 7
   Motivação 7
   Sintonia integral com a Bíblia 7
   Pressupostos da metodologia integral 8
   Recursos metodológicos 9
   Roteiro para o estudo dos temas 10
   Cursos de capacitação de agentes para a pastoral bíblica 10

INTRODUÇÃO 11

1º TEMA – TERRAS BÍBLICAS: ENCONTRO DE DEUS COM A HUMANIDADE 13
   As terras onde a história da Bíblia foi vivida e escrita 14
   Cosmovisão do povo da Bíblia 14
   Planeta Terra: o berço da vida 16
   O mapa-múndi: casa de Deus, casa dos povos 16
   O Crescente Fértil: os rios mantêm a vida do povo 18
   Mesopotâmia: a terra dos grandes impérios 18
   Egito: terra da escrita e dos grandes faraós 21
   Canaã: um povo construtor de cidades 24
   Roteiro para o estudo do tema 26

2º TEMA – ISRAEL: UMA TERRA PEQUENA
QUE RECEBE DE DEUS UM GRANDE NOME 27
   Muitos nomes para a mesma terra 28
   A terra de Israel e seus limites 30
   O primeiro mapa da terra de Israel: Mádaba 30
   A terra de Israel cabe mais de 400 vezes dentro do Brasil 32
   Roteiro para o estudo do tema 35

3º TEMA – ENTRE SERRAS E PLANÍCIES, UM POVO LUTA PELA VIDA 37
   Regiões naturais da terra de Israel 38
   Israel e Brasil: terras semelhantes e diferentes 43
   Clima da terra de Israel e do Brasil 44
   O orvalho e o poço: uma bênção de Deus para a terra 45
   Minerais da terra de Israel e do Brasil 45
   A fauna da terra de Israel e do Brasil 46
   A flora da terra de Israel e do Brasil 47
   Conclusão 48
   Roteiro para o estudo do tema 50

SUBSÍDIOS DE APOIO 51

Rua Dona Inácia Uchoa, 62
04110-020 – São Paulo – SP (Brasil)
Tel.: (11) 2125-3500
http://www.paulinas.com.br – editora@paulinas.com.br
Telemarketing e SAC: 0800-7010081